LA LEYENDA DE CANTUÑA

Verónica Moscoso

SPANISH EASY READER

LEVEL 1

www.veromundo.store

LA LEYENDA DE CANTUÑA

is published by

Authored by Verónica Moscoso
Cover Art by Prakash Thombre
Chapter Illustrations by Saúl Castro
16th-17th Century Illustrations by Felipe
  Guamán Poma de Ayala
Iglesia de San Francisco Photo by
  Lucio Diaz
Spanish Proofreading by Ana Andrés
English Proofreading by Contee Seely

First edition published August, 2022.
Copyright © by Verónica Moscoso. All rights reserved.
No other part of this book may be reproduced or transmitted in any form or by any means, electronic or mechanical, including photocopying, recording or by any information storage or retrieval system, without permission in writing from Verónica Moscoso.

ISBN: 979-8-9852478-2-4

Acknowledgements

I wish to express my appreciation to all the people who read this novella before its publication. First, many thanks to Spanish teachers: Sonia Fernández Solís, Contee Seely, Bryce Hedstrom, and Hillary Buckner. Their feedback has been tremendously valuable to me.

I'm most grateful to my friends who, like me, are Spanish native speakers: the avid reader Victoria Weatherbee, the beautiful writer Mireya Moya, and social researcher Dimitri Oña.

I'm lucky to have a historian sister! I'm grateful to Lucía Moscoso, whose input was key when developing the historical part of this novella. Like me, Mireya, Dimitri, and Lucía are Ecuadorians, and therefore are familiar with the Cantuña legend.

My deepest gratitude to proofreader Ana Andrés, a superb editor, whose Spanish is her mother tongue.

Again, I'm grateful to Contee Seely, for always proofreading the English sections of my books and for his unconditional support and help.

Last but not least, I'm grateful to my husband, Christian Chandler, and my daughter Olivia, a heritage Spanish speaker.

DESCRIPTION

LA LEYENDA DE CANTUÑA is a historical fiction novella inspired by Quito's most popular legend.

The story takes place in the 16th century during the Spanish conquest, when the Inca civilization came to an end, and the countries that we now know as Latin America became Spanish colonies.

Cantuña, the main character, is a child of Inca descent who survives the Spanish conquest by luck. He has to adapt to a new reality in which living like a Spaniard is the safest bet for him. He's seen as an underdog by most people, but his survival spirit and his wits keep him alive.

This novella is written in the present tense. It's an easy reader ideal for mid-beginner and high-beginner students. Every chapter has a full glossary and an illustration.

At the end of every chapter there is also a list of historical facts, for the reader to learn what parts of the story actually happened in reality.

Depicting the historical events and accompanying the facts section there are drawings by Felipe Guamán Poma de Ayala, an indigenous chronicler who lived in the 16th and 17th centuries.

With about 170 unique words, 25 cognates, and plenty of repetition, the novella tells a 2,680-word story.

RESOURCES

For resources to accompany this book, see:

https://veromundo.store/leyenda/

Go to the link above or use the QR Code on the left to get a list of short videos, available online, that will help you enrich each chapter of the story with historical facts. The videos include an animated version of the legend.

The list has a description of each video. There's at least one for each chapter, plus suggestions and cultural information. The videos will help the readers learn about the Inca civilization, the Spanish conquest, and life during colonial times. At the same time, they'll improve their Spanish by reading LA LEYENDA DE CANTUÑA.

Capítulo 1
LA GUERRA

Cantuña es un niño. Él es un niño inca. Cantuña está en Quito. Quito es una ciudad del imperio inca.

El imperio inca está en guerra. Está en guerra con España. Es una guerra importante. España quiere los tesoros de los incas. Cantuña tiene miedo de la guerra. Cantuña tiene miedo de los españoles. Los españoles tienen caballos. Los españoles tienen armas de fuego. Los incas no tienen caballos. Los incas no tienen armas de fuego. Cantuña tiene miedo de los caballos y de las armas de fuego.

Cantuña no tiene mamá pero tiene papá. Hualca es el papá de Cantuña. Hualca es un soldado inca. Es un soldado importante. Cantuña está en Quito con su papá. Están en un gran palacio inca. Están en el palacio por la guerra.

Hualca le dice a Cantuña:

—Hijo, los españoles están cerca de Quito. Vienen al palacio. ¡Escapa ahora! Escapa con otras personas del palacio.

—Escapa conmigo, papá.

—Yo soy un soldado inca. Tú eres un niño. ¡Rápido, escapa tú!

—¡Papá, tengo miedo! Tú no tienes caballos. Tú no tienes armas de fuego.

—¡Cantuña, escapa rápido! Los españoles vienen al palacio. Los españoles están cerca del palacio.

Hay algunas personas en el palacio. Cantuña escapa con esas personas. Hualca no escapa porque los soldados incas no escapan.

El general inca ordena esconder los tesoros del palacio. También ordena esconder todos los tesoros de los incas. Ordena prender fuego al palacio. Y ordena prender fuego a Quito.

Hay muchos tesoros. Algunos soldados esconden los tesoros. Esconden muchos tesoros. Otros soldados prenden fuego al palacio y prenden fuego a Quito.

Cantuña escapa del palacio inca. Escapa del palacio con algunas personas. Cantuña escapa del palacio pero no escapa de Quito. Hay mucho fuego. Cantuña no ve a las personas del palacio. Hay mucho fuego y es difícil ver. Es difícil escapar de Quito por el fuego. Cantuña llora.

Un capitán español ve a Cantuña. Es un capitán importante. Es el capitán Hernán Juárez. Cantuña ve al capitán y tiene miedo. El capitán tiene un caballo y un arma de fuego.

El capitán ve a Cantuña y piensa: «Es un niño. Es difícil escapar de la guerra. Es difícil escapar del fuego. Es difícil escapar para un niño». El capitán ayuda a Cantuña. Le ayuda a escapar del fuego de Quito.

Glosario del capítulo 1

a to
ahora now
al to the
algunas, algunos some
arma(s) de fuego firearm(s)
ayuda (he) helps
    le ayuda helps (him)
caballo(s) horse(s)
capitán captain
cerca close
ciudad city
con with
conmigo with me
de of, from
del of the
dice: le dice (he) tells (him)
difícil difficult
el the
en in
eres (you) are
es (it, he) is
escapa (you) escape, run away (he) escapes, runs away
escapar to escape
esconden (they) hide
esconder to hide
España Spain
español(es) Spaniard(s)
está (it, he) is
están (they) are
fuego fire
    armas de fuego firearms

general general
gran great
guerra war
hay there are
hijo son
imperio empire
importante important
inca(s) Inca(s)
la the
las the
le: le dice (he) tells (him)
    le ayuda (he) helps (him)
los the
llora (he) cries
mamá mom, mother
miedo: tiene miedo (he) is scared
    tengo miedo (I'm) scared
mucho a lot
muchos many
niño boy
ordena (he) orders
palacio palace
papá dad, father
para for
pero but
piensa (he) thinks
por because of
porque because
personas people
otros other
prenden fuego (they) set on fire

prender to set on fire
quiere (it) wants
rápido fast
soldado(s) soldier(s)
soy (I) am
su his
también also
tengo miedo (I'm) afraid
tesoros treasures
tiene (he) has
    tiene miedo (he) is afraid

tienen (they) have
tienes (you) have
todos all
tú you
un, una a
ve (he) looks at, sees
ver to see
vienen (they) are coming
y and
yo I

The first encounter of Spaniards with Atahualpa, the Inca king

Illustration by chronicler Felipe Guamán Poma de Ayala (17th 16th-century)

Chapter 1
FACTS

FACT 1
Quito, the current capital of Ecuador, was an important Inca city.

FACT 2
The Spanish conquest started in the 16th century.

FACT 3
Spaniards had firearms and horses, the Incas didn't.

FACT 4
There was an Inca palace in Quito.

FACT 5
When the Inca general knew that the Spaniards were approaching Quito, he ordered the burning of the city and the Inca palace in Quito.

FACT 6
The Inca general ordered the treasures to be hidden from the Spaniards.

Capítulo 2
LA COLONIA

La guerra es horrible. Después de la guerra, Cantuña no tiene papá, no tiene familia, no tiene amigos. Todos están muertos. Ahora, las ciudades del imperio inca son las colonias de España. La ciudad de Quito es colonia de España.

España quiere los tesoros de las colonias. Las colonias tienen mucho oro y mucha plata. Los españoles quieren el oro y la plata de las colonias.

Muchos indígenas trabajan en las minas de oro y de plata. Trabajar en las minas es obligatorio. No es un trabajo pagado. El trabajo en las minas es horrible. Los españoles son crueles. Ellos son crueles con los indígenas que trabajan en las minas. Muchos indígenas mueren en las minas, pero Cantuña no trabaja en las minas.

Cantuña trabaja en la casa del capitán Hernán Juárez. Cantuña es un sirviente. Él es un niño y trabaja. No es un trabajo pagado.

Cantuña es un excelente trabajador. El capitán piensa: «El niño inca es inteligente. El niño es bueno». El capitán ayuda a Cantuña. El capitán le enseña muchas cosas al niño. El capitán le enseña a leer y a escribir. El capitán es bueno con Cantuña. Ahora, el niño no tiene miedo del capitán.

El capitán sabe que los indígenas trabajan en las minas. Sabe que trabajan en las plantaciones. Sabe que trabajan en construcción. Sabe que trabajar en las minas es obligatorio. Sabe que trabajar en las plantaciones es obligatorio. Sabe que trabajar en construcción es obligatorio. Sabe que no son trabajos pagados. Sabe que son trabajos horribles. Sabe que muchos españoles son crueles. Sabe que son crueles con los indígenas. Él piensa: «El niño inca es muy inteligente, aprende muy rápido. Quiero una buena vida para el niño».

Entonces, el capitán le enseña muchas cosas a Cantuña. Le enseña a vivir como español. Le dice: «Ahora tu nombre es Francisco. Eres Francisco Cantuña». El niño es como un hijo para el capitán. El capitán es como un papá para Cantuña. El niño aprende a vivir como español. El niño inca vive como español. Se viste como español.

Todos dicen: «El capitán es como un papá para ese indio[1]. ¡Es increíble!». «El niño se viste como español pero es un indio». «Tiene cara de indio».

Cantuña sabe que es un niño indígena. Sabe que tiene cara de indígena. Sabe que no tiene cara de español. Cantuña sabe que muchos indígenas trabajan en las minas, las plantaciones y construcción. Sabe que los indígenas mueren. Sabe que es horrible. Tiene miedo de los españoles crueles. Él piensa: «No quiero morir. Quiero vivir. Quiero vivir como español».

---

[1] **indio** oftentimes a derogatory way to refer to indigenous people. The more politically correct word in Spanish is *indígena.*

Cantuña no quiere pensar en Hualca, su papá. No quiere pensar en su familia. No quiere pensar en sus amigos. Todos están muertos. Cantuña sabe que el capitán Hernán Juárez es bueno. El capitán no es cruel. El capitán es como un papá. Cantuña aprende rápido. Aprende a vivir como español.

Glosario del capítulo 2

a to
ahora now
al to the
amigos friends
aprende (he) learns
ayuda (he) helps
buena, bueno good
cara face
casa home, house
ciudad(es) city, cities
colonia(s) colony, colonies
como like
con with
construcción building, construction
cosas things
cruel(es) cruel
de of, from
del of the
después after
dice: le dice (he) tells (him)
dicen (they) say
el the
él he
ellos they
en in, at
enseña: le enseña teaches (him)
entonces then
eres (you) are
es (it, he) is
ese that
escribir to write

España Spain
español(es) Spaniard(s)
están (they) are
excelente excellent
familia family
guerra war
hijo son
horrible(s) horrible
imperio empire
inca Inca
increíble incredible
indígena(s) indigenous
indio Indian
inteligente inteligent
la the
las the
le: le enseña (he) teaches (him)
    le dice (he) tells (him)
leer to read
los the
miedo: tiene miedo (he) is scared
minas mines
morir to die
mucha, mucho a lot
muchas, muchos many
mueren (they) die
muertos dead
muy very
niño boy
nombre name

obligatorio obligatory, mandatory
oro gold
pagado(s) paid
papá dad, father
para for, to
pensar to think
pero but
piensa (he) thinks
plantaciones plantations
plata silver
que that
quiere (he, it) wants
    no quiere pensar (he) doesn't want to think
quieren (they) want
quiero (I) want
rápido fast
sabe (he) knows
se: se viste (he) dresses
sirviente servant
son (they) are
su, sus his
tesoros treasures
tiene (he) has
    tiene miedo (he) is scared
tienen (they) have
todos everyone, all of them
trabaja (he) works
trabajador worker
trabajan (they) work
trabajar to work
trabajo(s) work, job(s)
tu your
un, una a
vida life
viste: se viste (he) dresses
vive (he) lives
vivir to live
y and

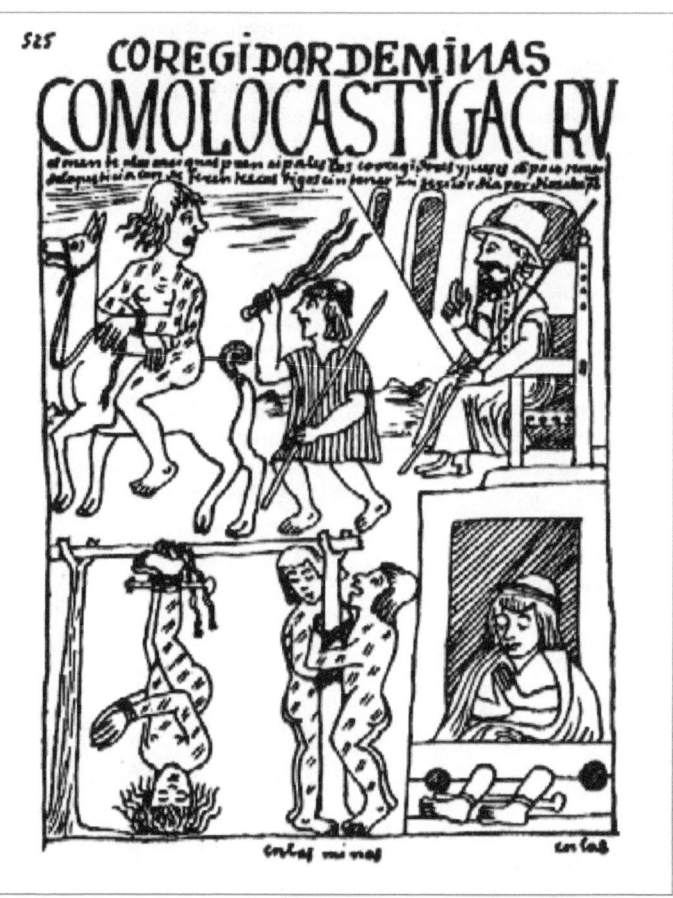

The Spanish punished in a multitude of ways the indigenous people who were forced to work in the mines.

Illustration by chronicler Felipe Guamán Poma de Ayala (17th-16th century)

Chapter 2
FACTS

FACT 1
The Inca cities became Spanish colonies after the Spaniards won the war.

FACT 2
Spain wanted as much gold and silver as possible. The colonies were rich in these metals.

FACT 3
Indigenous people were home servants. Often they were paid only with boarding and food.

FACT 4
Indigenous people were forced to work in the gold and silver mines. This was unpaid work and the conditions were so inhumane that many died.

FACT 5
Indigenous people were also forced to work on plantations and in construction. This too was unpaid work. The conditions were inhumane.

Capítulo 3

LA CUEVA DE CANTUÑA

Cuando Cantuña es adulto vive como español. Ahora, él no es un sirviente. Él no trabaja en las minas y no trabaja en las plantaciones. Trabaja en construcción. Cantuña trabaja en construcción pero no es un trabajo obligatorio. No es obligatorio para él. Es un trabajo pagado. Cantuña es el jefe.

Cuando ven a Cantuña, las personas le dicen: «Buenos días, don Francisco». Cantuña piensa: «Soy un indígena que vive como español. Vivo como español pero tengo cara de indígena». Cantuña sabe que las personas le dicen «don Francisco», pero cuando él no está, le dicen «el indio Cantuña».

Cantuña trabaja mucho. Es un excelente trabajador. Cantuña construye casas. El trabajo de Cantuña es bien pagado. Él tiene dinero.

En Quito hay un rumor:

—El indio Cantuña tiene dinero. Tiene dinero porque tiene los tesoros de los incas —dice un hombre.

—¡No! El indio Cantuña trabaja mucho. Trabaja en construcción. Tiene dinero porque trabaja en construcción —dice una mujer.

—Cantuña sabe dónde están los tesoros de los incas —dice otro hombre.

—Los indios no tienen dinero. El indio Cantuña tiene dinero. Tiene dinero porque tiene los tesoros —dice otra mujer.

—El indio Cantuña sabe dónde están los tesoros —dice otro hombre.

—Los tesoros están en una cueva —dice otra mujer.

—Sí. Los tesoros de los incas están en una cueva —dice otro hombre.

—Cantuña sabe dónde está la cueva —dice otra mujer.

—Los tesoros del palacio están en la Cueva de Cantuña —dice otro hombre.

Muchos buscan la cueva. Muchos buscan los tesoros. Muchos buscan la Cueva de Cantuña.

—Don Francisco, yo puedo pagar mucho dinero, ¿dónde está la cueva con los tesoros? —le preguntan.

—Ja, ja, ja. ¿Los tesoros están en una cueva? ¿Qué cueva? —se ríe Cantuña.

Cantuña piensa en los tesoros del imperio inca. Piensa en los tesoros del palacio. No sabe dónde están los tesoros del imperio inca. Hay muchos tesoros. Muchas personas buscan los tesoros. Cantuña se ríe. Se ríe del rumor. Se ríe de las personas que buscan los tesoros. Se ríe de la Cueva de Cantuña.

Glosario del capítulo 3

a to
adulto grown-up, adult
bien: bien pagado well-paid
buenos: buenos días good morning
buscan (they) look for
cara face
casas houses
como like
construcción building, construction
construye (he) builds
cuando when
cueva cave
de of, from
del of the
días: buenos días good morning
dice (s/he) says
dicen: le dicen (they) call (him), (they) say to (him)
dígame (you) tell me
dinero money
don Mr.
dónde where? where
el the
él he
en in, at
    piensa en (he) thinks about
es (it, he) is
español Spaniard
está (it, he) is
    no está (he) is not there
están (they) are
excelente excellent
hay there is, there are
hombre man
imperio empire
incas Inca(s)
indígena(s) indigenous
indio(s) Indian(s)
ja, ja, ja ha, ha, ha
jefe boss
la the
las the
le: le dicen (they) call (him), (they) say to (him)
los the
minas mines
muchas many
mucho a lot
muchos many, a lot
mujer woman
obligatorio obligatory, mandatory
otra, otro other, another
pagar to pay
pagado paid
    bien pagado well-paid
palacio palace
para for
pero but
personas people
piensa (he) thinks
plantaciones plantations

porque because
preguntan: le preguntan (they) ask (him)
que that
qué what?
ríe: se ríe (he) laughs
rumor rumor, gossip
sabe (he) knows
se: se ríe (he) laughs
sí yes
sirviente servant
son (they) are
soy (I) am
tengo (I) have
tesoros treasures
tiene (he) has
tienen (they) have
trabaja (he) works
trabajador worker
trabajo job
un a
una a
ven (they) see
vive (he) lives
vivo (I) live
y and
yo I

Spaniards dealing with gold and/or silver coins

Illustration by chronicler Felipe Guamán Poma de Ayala (17th-16th century)

Chapter 3
FACTS

FACT 1
There was a caste system during colonial times. Spaniards were at the top, indigenous natives and enslaved people brought from Africa at the bottom.

CASTE SYSTEM

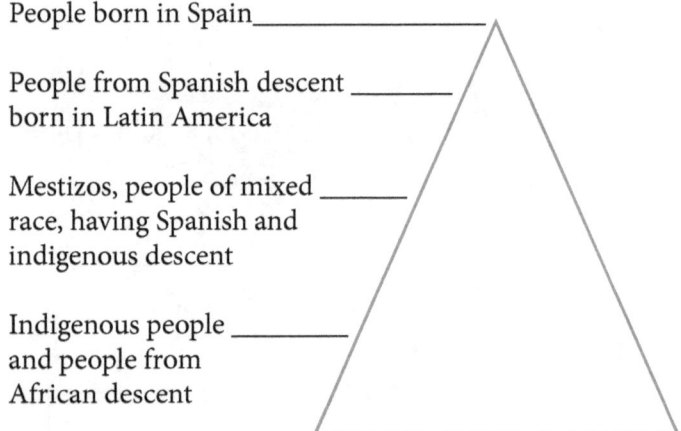

People born in Spain

People from Spanish descent born in Latin America

Mestizos, people of mixed race, having Spanish and indigenous descent

Indigenous people and people from African descent

FACT 2
As far as we know, the Inca treasures have not been found and people are still looking for them.

Capítulo 4
LA IGLESIA

Los españoles construyen muchas iglesias en las colonias. Construyen las iglesias sobre los templos incas. También construyen iglesias sobre los palacios incas. Los franciscanos quieren una gran iglesia. Quieren construir una gran iglesia en Quito. Quieren una gran iglesia sobre el palacio inca. Quieren construir la Iglesia de San Francisco.

El hermano[2] Luis es un hermano muy importante. El hermano Luis viene de España a Quito. Viene a Quito para la construcción de la gran iglesia. El hermano Luis habla con el hermano Benito. El hermano Benito vive en Quito hace mucho tiempo.

—¿Hay un buen jefe de construcción en Quito? —pregunta el hermano Luis.

—Sí, hay un excelente jefe de construcción. Francisco Cantuña es excelente —dice el hermano Benito.

—¿Cantuña? Ese no es un nombre español —dice el hermano Luis.

—Cantuña es un nombre indígena —dice el hermano Benito.

—¿Un indio como jefe de construcción? ¡Imposible! Necesitamos a un español o a un hijo de españoles.

—Francisco Cantuña es el jefe de construcción perfecto.

—Un indio no es un jefe de construcción

---

[2] **hermano** in this context means *brother,* that is, a religious brother, a member of a Christian religious order.

perfecto. La Iglesia de San Francisco necesita un jefe de construcción español. Necesitamos un trabajador inteligente.

—Hermano Luis, los franciscanos tenemos una escuela en Quito. La escuela es para indígenas y mestizos[3]. Los indígenas de la escuela son muy inteligentes.

—Sé que los franciscanos tenemos una escuela. Pero los españoles somos más inteligentes que los indios.

—En nuestra escuela tenemos indígenas muy inteligentes. Hay indígenas más inteligentes que los mestizos; más inteligentes que los hijos de españoles; y más inteligentes que los españoles.

—Hermano Benito, usted quiere a un indio como jefe, ¿por qué?

—Porque sé que Francisco Cantuña es perfecto para este trabajo. Es un excelente trabajador.

El hermano Luis está en guerra con el hermano Benito. El hermano Luis es muy importante. Pero los franciscanos de Quito piensan como el

---

[3] **mestizo(s)** (in Latin America) of mixed race, especially one having Spanish and indigenous descent.

hermano Benito: «Cantuña es el jefe de construcción perfecto».

El hermano Luis y el hermano Benito hablan con Cantuña. El hermano Benito le dice:

—Los franciscanos queremos una gran iglesia en Quito. Queremos construir la iglesia sobre el palacio inca. Queremos construir la Iglesia de San Francisco. Necesitamos un jefe de construcción. Pensamos que tú eres perfecto para este trabajo

Los tres hombres hablan mucho. Después de hablar con Cantuña, el hermano Luis piensa: «Francisco Cantuña habla como español, se viste como español, es inteligente, pero es un indio».

Glosario del capítulo 4

a to
buen good
colonias colonies
como like, as
con with
construcción building, construction
    jefe de construcción chief builder
construir to build
construyen (they) build
de of, from
    viene de (he) comes from
después after
dice (he) says
    le dice (he) tells (him)
el the
en in
eres (you) are
es (it s/he) is
escuela school
ese that
España Spain
español(es) Spaniard(s)
está (he) is
este this
excelente excellent
franciscanos Franciscans
gran great
guerra war
habla (he) talks, speaks
hablan (they) talk
hablar to talk
hace: hace mucho tiempo long time ago
hay there is
hermano brother
hijo(s) son(s)
hombres men
iglesia(s) church(es)
importante important
imposible impossible
inca(s) Inca(s)
indígena(s) indigenous
indio(s) indian(s)
inteligente(s) inteligent, smart
jefe boss
    jefe de construcción chief builder
la the
los the
más more
mestizos of mixed race
muchas many
mucho a lot
muchos many
muy very
necesita (it) needs
necesitamos (we) need
nombre name
nuestra our
o or
otros other
palacio(s) palace(s)

para for
pensamos (we) think
perfecto perfect
pero but
piensa (he) thinks
piensan (they) think
por: ¿**por qué?** why?
porque because
pregunta (he) asks
que that
qué: ¿**por qué?** why?
queremos (we) want
quiere (you) want
quieren (they) want
se: se viste (he) dresses
sé (I) know
sí yes

sobre on, over
somos (we) are
son (they) are
templos temples
tenemos (we) have
tiempo time
trabajador worker
trabajo job
tres three
tú you
un a
una a
usted you
viene: viene de (he) comes from
viste: se viste (he) dresses
vive (he) lives
y and

The city of Quito

Illustration by chronicler Felipe Guamán Poma de Ayala (17th-16th century)

Chapter 4
FACTS

FACT 1
The Spaniards built their churches on the foundation of what were the native indigenous temples and palaces

FACT 2
The Franciscan order built the San Francisco Church on top of the Inca palace in Quito.

FACT 3
The Franciscan order built a school in Quito for indigenous and mestizo people.

Capítulo 5

LA CONSTRUCCIÓN

Cantuña está feliz. Él quiere trabajar con los franciscanos. Él quiere construir una gran iglesia. Es un trabajo importante. Es un excelente trabajo. Es un trabajo bien pagado. Es muy bien pagado. Es una construcción muy importante.

Cantuña habla con su esposa, Ana. Ella está feliz. Ella es mestiza. Ella sabe que su esposo,

Cantuña, es indígena. Ella sabe que sus hijos tienen cara de indígenas. No tienen cara de españoles. Ella sabe que es difícil ser indígena. Ana sabe que los indígenas trabajan en las minas, plantaciones y construcción. Sabe que son trabajos obligatorios. Sabe que no son trabajos pagados. Ella piensa: «Quiero una buena vida para mis hijos».

La familia de Cantuña vive bien. Viven en una casa grande. Viven como españoles. Viven bien porque Cantuña tiene dinero. Ana sabe que su familia necesita dinero. Necesitan dinero para vivir bien. Necesitan dinero para vivir como españoles. Ana sabe que no hay una Cueva de Cantuña. Su esposo trabaja para tener dinero.

En una semana, el hermano Luis y el hermano Benito tienen el contrato de trabajo. Cantuña lee el contrato de trabajo. Lee el contrato y firma el contrato. Cantuña es el jefe de construcción. Es el jefe de construcción de una gran iglesia: la Iglesia de San Francisco.

Los indígenas trabajan en la construcción. Ellos trabajan en la construcción de la iglesia. Para muchos indígenas es un trabajo obligatorio. No es un trabajo pagado. Pero es mejor que el trabajo de las minas. Los franciscanos no son crueles. No son crueles como los otros españoles de las minas.

Los indígenas buscan piedras. Ellos buscan piedras para la construcción. Buscan piedras en el volcán Pichincha. La ciudad de Quito está sobre el volcán Pichincha. Construyen la iglesia con piedras. Construyen la iglesia con las piedras del volcán.

Cantuña es el jefe. No es un jefe cruel. Los trabajadores no mueren porque tienen agua y comida. Los trabajadores indígenas trabajan mejor porque tienen descanso. Cantuña está feliz con la construcción.

Después de cinco meses y veintinueve (29) días el hermano Luis habla con Cantuña.

—Buenos días, don Francisco.

—Buenos días, hermano Luis.

—Veo que la construcción no está terminada —dice el hermano Luis.

—¿La construcción de la iglesia? Es una gran iglesia. Es mucho trabajo. Mañana son seis meses de construcción. Es poco tiempo para terminar. Es poco tiempo para construir una gran iglesia.

—Don Francisco, ¿usted puede leer?

—Sí —dice Cantuña.

El hermano Luis sabe que Cantuña puede leer. El hermano tiene el contrato de trabajo en sus manos. Cantuña lee el contrato. «La Iglesia de San Francisco debe estar terminada en seis meses». El contrato tiene la firma de Cantuña. Él piensa: «Este es un contrato diferente. Es un truco del hermano Luis».

El hermano Luis le dice a Cantuña:

—La construcción debe estar terminada mañana. Si no está terminada, usted va a prisión. Si no está terminada, necesitamos otro jefe de construcción.

El hermano Luis se ríe y piensa: «La Iglesia de San Francisco necesita un jefe de construcción español».

Glosario del capítulo 5

a to
agua water
bien well
buena good
buenos: buenos días good morning
buscan (they) look for
cara face
casa house
cinco five
ciudad city
comida food
como like, as
con with
construcción building, construction
    jefe de construcción chief builder
construir to build
construyen (they) build
contrato contract
cruel(es) cruel
cuando when
cueva cave
de of, from
debe (it) must
del of the
descanso rest, break
después after
días: buenos días good morning
dice (he, it) says
    le dice (he) tells (him)
diferente diferent

difícil difficult
dinero money
don Mr.
el the
él he
ella she
ellos they
en in
escribir to write
español(es) Spaniard(s)
esposa wife
esposo husband
está (it, s/he) is
estar to be
este this
excelente excellent
familia family
feliz happy
firma (he) signs, signature
franciscanos Franciscans
gran great
habla (he) talks, speaks
hay there is
hermano brother
hijos sons and daughters
horrible horrible
iglesia church
importante important
indígena(s) indigenous
jefe boss
    jefe de construcción chief builder
la the

las the
dice: le dice (he) tells (him)
lee (he) reads
leer to read
sí yes
los the
manos hands
mañana tomorrow
mejor better
meses months
mestiza of mixed race
minas mines
mis my
mucho(s) a lot
mueren (they) die
muy very
necesita (it) needs
necesitamos (we) need
necesitan (they) need
obligatorio(s) obligatory, mandatory
otro other
pagado(s) paid
para for, to
pero but
piedras stones, rocks
piensa (s/he) thinks
plantaciones plantations
poco: poco tiempo short time
porque because
prisión prison, jail
puede (you) can
que that, than
quiere (he) wants
quiero (I) want

ríe: se ríe (he) laughs
sabe (s/he) knows
se: se ríe (he) laughs
seis six
semana week
ser to be
si if
sobre on, over
son (they) are
su her
sus her, his
tener to have
terminada finished, completed
terminar to finish
tiempo time
tiene (it, he) has
tienen (they) have
trabaja (he) works
trabajadores (the) workers
trabajan (they) work
trabajar to work
trabajo(s) job(s), work
truco trick, dirty trick
un, una a
usted you
va (you) go
veo (I) see
vida life
vive (he) lives
viven (they) live
vivir to live
volcán volcano
y and

A Friar striking and kicking an indigenous woman seated at a loom.

Illustration by chronicler Felipe Guamán Poma de Ayala (17th-16th century)

Chapter 5
FACTS

FACT 1
The builders of San Francisco Church were indigenous workers. Some of them were paid very little. Others were workers from the mines brought to Quito to build the church. They received no payment.

FACT 2
The working conditions building the church were better than working conditions in the mines.

FACT 3
The workers brought rocks from the Pichincha volcano caldera to build the church.

FACT 4
The city of Quito wraps around the eastern slopes of Pichincha, an active volcano.

Capítulo 6
LA LEYENDA

Cantuña habla con los franciscanos. Ellos le dicen: «Don Francisco, su firma está en el contrato». Cantuña sabe que es un truco del hermano Luis. El hermano Benito sabe que el contrato es diferente, pero el hermano Benito no está. El hermano Benito está en otra ciudad. El hermano Benito está en otra ciudad por orden del hermano Luis. El hermano Benito no puede ayudar a Cantuña.

Cantuña piensa: «Los franciscanos no son crueles pero el hermano Luis es cruel».

Cantuña está muy triste. Quiere terminar la construcción. No quiere ir a prisión. Cantuña llora.

Entonces un hombre le dice:

—Buenas tardes, don Francisco.

El hombre tiene una capa roja. Es un hombre muy elegante.

—Buenas tardes —dice Cantuña. Él tiene miedo de este hombre elegante.

—Estoy aquí para ayudar. Yo puedo terminar la iglesia. Yo puedo terminar la iglesia esta noche —dice el hombre elegante.

—Pero es imposible terminar la iglesia en una noche —dice Cantuña.

—Soy el diablo, no es imposible para mí.

Cantuña tiene mucho miedo. Tiene mucho miedo del diablo.

—Yo puedo terminar la construcción. Puedo terminar esta noche. Pero necesito un pago.

—Yo no puedo pagar. Yo no sé dónde están los tesoros de los incas —dice Cantuña.

—Ja, ja, ja. El pago no son los tesoros de los incas. El pago es tu alma. Yo construyo la iglesia esta noche. Yo construyo la iglesia y me llevo tu alma mañana.

El diablo tiene un contrato. Cantuña lee el contrato. El contrato dice: «Si la construcción está terminada antes del amanecer, el diablo se lleva el alma de Francisco Cantuña».

—La construcción debe estar terminada antes del amanecer —dice Cantuña, y firma el contrato.

El diablo ordena construir la iglesia a sus diablitos. Esa noche Cantuña ve a muchos diablitos. Los diablitos no necesitan agua, comida o descanso. Los diablitos trabajan muy rápido. Hay muchos diablitos. Antes del amanecer, los diablitos construyen la gran iglesia. Construyen la gran iglesia de San Francisco.

Después del amanecer, el diablo le dice a Cantuña: «La construcción está terminada. Me llevo tu alma». Cantuña tiene miedo y llora. El diablo quiere el alma de Cantuña. Quiere llevarse el alma de Cantuña, pero no puede. El diablo está enojado. El diablo le dice:

—¡No puedo llevarme tu alma!

Cantuña tiene una piedra. Cantuña tiene una

piedra en sus manos. Tiene una piedra de la iglesia.

—La construcción no está terminada. Falta una piedra —dice Cantuña.

—¡Tú tienes la piedra. Tú tienes la piedra que falta! —dice el diablo enojado.

La construcción no está terminada porque falta una piedra en la iglesia. Esa piedra está en las manos de Cantuña. El diablo sabe que es un truco de Cantuña. Pero el contrato dice: «Si la construcción está terminada antes del amanecer, el diablo se lleva el alma de Francisco Cantuña». Después del amanecer la construcción no está terminada. El diablo no puede llevarse el alma de Cantuña.

Cantuña ve la gran iglesia de San Francisco. Ve la piedra en sus manos. Cantuña llora. Él llora porque está feliz.

Después Cantuña piensa en el diablo elegante con capa roja. El diablo no se lleva su alma. No puede llevarse su alma. Entonces Cantuña se ríe y piensa: «Ja, ja ,ja. Tengo un tesoro. Mi gran tesoro es mi alma. Mi alma de inca».

FIN

Glosario del capítulo 6

a to
agua water
alma soul
amanecer dawn
antes before
aquí here
ayudar to help
buenas: buenas tardes good afternoon
capa cape
ciudad city
comida food
con with
construcción building, construction
construir to build
construyen (they) build
construyo (I) build
contrato contract
cruel(es) cruel
de of, from
debe (it) must
del of the
descanso rest, break
después after, afterwards
diablitos little devils, little demons
diablo devil, demon
dice (it, he) says
　le dice (he) tells (him)
dicen: le dicen (they) tell (him)
diferente different

Don Mr.
dónde where
el the
él he
elegante elegant
ellos they
en in
enojado angry
entonces then
es (it, he) is
esa that
esta this
está (it, he) is
están are
estar to be
este this
estoy (I) am
falta (it) is missing
feliz happy
firma (he) signs
franciscanos Franciscans
gran great
habla (he) talks, speaks
hermano brother
hombre man
hay there are
iglesia church
imposible imposible
inca(s) Inca(s)
ir to go
ja, ja, ja ha, ha, ha
la the

le: le dice (he) tells (him)
    le dicen (they) tell (him)
lee (he) reads
lleva: se lleva (he) takes
llevarme take with me
llevarse take
llevo (I) take
llora (he) cries
los the
manos hands
mañana tomorrow
me: me llevo I take
mi my
mí me
miedo: tiene miedo (he) is scared
mucho(s) a lot
muy very
necesitan (they) need
necesito (I) need
noche night
o or
orden order, command
ordena (he) orders
otra other
pagar to pay
pago payment
para to, for
pero but
piedra stone, rock
piensa (he) thinks
por: por orden de by order of
porque because

prisión prison, jail
puede can
que that
quiere (he) wants
rápido fast
ríe: se ríe (he) laughs
roja red
sabe (he) knows
se: se lleva (he) takes
    se ríe (he) laughs
sé: sé (I) know
si: si if
son (they) are
soy (I) am
su, sus his
tardes: buenas tardes good afternoon
tengo (I) have
terminada finished, completed
terminar to finish, to complete
tesoro(s) treasure(s)
tiene (he) has
    tiene miedo (he) is scared
tienes (you) have
trabajan (they) work
triste sad
truco trick, dirty trick
tu your
tú you
un, una a
ve (he) looks at, sees
y and
yo I

Capítulo 6
FACTS

The San Francisco Church (Basilica and Convent) stands in the middle of the historic center of Quito. It began construction in the 16th century and took almost 150 years to complete. It is the largest architectural complex among the historic centers of all of South America and is considered a jewel of continental architecture for its mixture of different styles. For the residents of Quito, this church is an emblematic monument. Through the centuries its plaza has been a place of gathering. It used to be an important indigenous regional market. Today, it is used for religious celebrations, political events, and social protests.

Myth and History

I don't remember the first time I heard the legend of Cantuña, but I do remember that it was the most popular of Quito's legends. People said that, actually, there's a stone missing from the San Francisco Church. As a child I wondered, "Is it the stone that Cantuña kept when he tricked the devil?" Maybe subconsciously, we, the people of Quito, believe this legend is true… and part of it is.

Cantuña was real. There are some historical testimonies about men called Francisco Cantuña in the 16th and 17th centuries. Also, there's evidence of Cantuña's work and art. He actually built a chapel, an atrium, and an iron door of the San Francisco Church in the 17th century. Also, inside the church, there is a gravestone that reads, in old Spanish, "This is the tomb of Francisco Cantuña and his heirs 1669."

The main character of this novella is inspired, in part, by one early account about a man named Francisco Cantuña, by chronicler Juan de Velazco. He wrote that Cantuña was the son of an Inca soldier and that a Spanish captain rescued him while Quito was on fire.

The backstory of this book happened after the Spanish conquest when the San Francisco Church was built. The caste system and the mistreatment of indigenous people is well documented and was very real too. Having been colonized has defined our identity as Latin Americans, even now, in the 21st century.

Verónica Moscoso, author of *La leyenda de Cantuña*

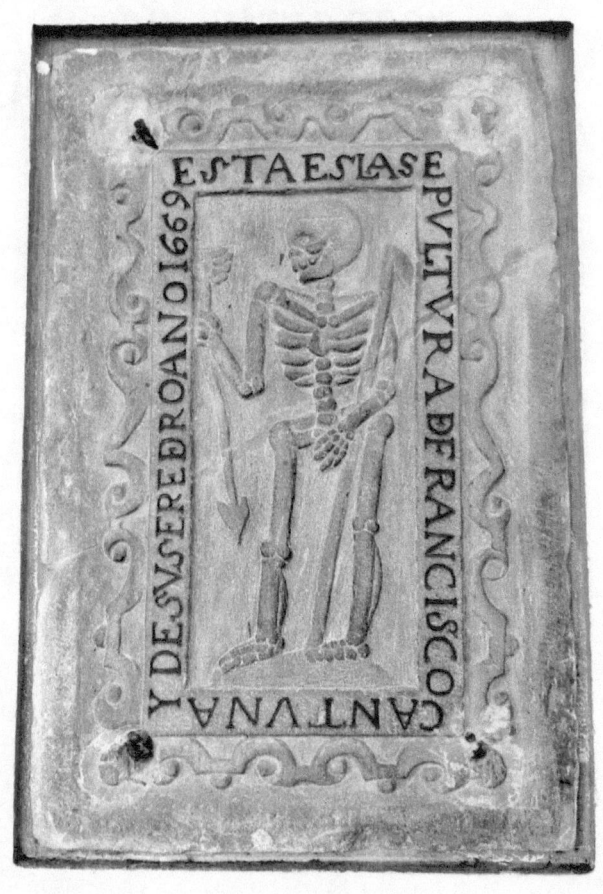

Francisco Cantuña's gravestone can be found inside San Francisco Church.

Self-portrait of Felipe Guamán Poma de Ayala (16th-17th century), who is listening to the oral traditions and legends of the ancient indigenous people. By their headdresses they are distinguished as coming from several provinces and several ranks.

About Guamán Poma de Ayala

Felipe Guamán Poma de Ayala, was a Quechua nobleman born in Peru in the late 16th century. He was a fluent speaker of several Quechua and Aru dialects, and learned to read and write in Spanish. He worked as an interpreter and as an assistant.

In late 1600, he attempted to recover land that he believed to be his by family right, but he lost the suits and was exiled. All of his property was confiscated. Guamán Poma then began a journey during which he kept records of the oral accounts of people from multiple indigenous communities about ancient Andean times, Inca rule, and Spanish rule.

He wrote a long letter to Spanish King Felipe III, hoping that the king would learn about the ill treatment of the natives by the Spanish after their conquest. He wrote that indigenous governments treated their subjects far better than the Spaniards and pleaded with the king to instate indigenous people to positions of authority.

His letter of 1188 pages and 398 drawings is titled *The First New Chronicle and Good Government* and it took him about 30 years to write. Approximately half the book is dedicated to a description and critique of Spanish colonial rule. There's no evidence that the king actually read it. However, scholars consider this section of the chronicle to be a unique and invaluable historical source.

THE AUTHOR

Verónica Moscoso is an author, journalist, and an award-winning documentary filmmaker.

In 2011, Verónica earned a master's degree from the UC Berkeley Graduate School of Journalism.

Her thesis film, *A Wild Idea,* received nine awards of merit and distinction.

She is the published author of various books, articles, photographs, multimedia, video, and radio pieces, in both English and Spanish.

Born and raised in Ecuador, Verónica left her hometown of Quito to live and travel in the Middle East and in Southeast Asia. She chronicled her trips through journal essays and photography. She now lives in California and continues creating content.

Her background as a language teacher together with her storytelling skills make her an extraordinary author for language learning books. For much more information about Verónica, see her website: www.veromundo.com To order her books and related materials, go to: www.veromundo.store

PUBLISHED BOOKS
Historias con sabor a sueño (2001)
Los ojos de Carmen (2005) (with versions in French and English)
Olivia y los monos (2018)
Chistes para aprender español (2018)
El Rey Arthur (2020)
Halloween vs. Día de los Muertos (2020)
Soñadores (2020)
El pequeño ángel de Colombia (2021)
Alma de lobo (2021)
La leyenda de Cantuña (2022)

THE COVER ARTIST

Prakash Thombre is the author of the cover art. A communication designer by profession, Prakash is committed to artfully crafting design, branding and communication that delivers impact to create the desired experiences.

He strives to create compelling and rich experiences across media, bringing together his broad knowledge and experience of UX design, UI design, branding, and communication strategies. For more information about Prakash, go to: www.idesignexperiences.in

THE ILLUSTRATOR

Saúl Castro is the author of the chapter illustrations. He was born in 1992 in Veracruz, Mexico. He's a psychologist by training and an artist by conviction. Since he was a child he has had a passion for comics and animated series, giving rise to the hobby that became his profession. In 2017 he studied for a Bachelor of Graphic Design and decided to focus fully on graphic and visual creativity.

With a great love for popular culture, heavy metal music, science fiction and fantasy, his repertoire includes storyboards, illustrations for book covers and interiors, character design, pin-ups and posters. He is currently a freelance comic book artist. Check out his portfolio: https://saulcb.artstation.com/projects

RECOMMENDED BOOKS

OLIVIA Y LOS MONOS
Verónica Moscoso
Level 1
Based on the true story of the troop of wild monkeys that live in Misahuallí and their unique interaction with humans.

HALLOWEEN VS DÍA DE LOS MUERTOS
Verónica Moscoso
Level 2
A light-hearted story about friendship and also about the similarities and differences between two strong cultural traditions.

EL REY ARTHUR
Verónica Moscoso
Level 2
Based on the true story of Arthur, the Ecuadorian street dog turned into a celebrity.

EL PEQUEÑO ÁNGEL DE COLOMBIA
Verónica Moscoso
Level 2
The extraordinary true story about Albeiro, a Colombian boy famous for his magnificent humanitarian work.

ALMA DE LOBO
Verónica Moscoso
Level 2-3

The unimaginable true story of Marcos Rodríguez Pantoja, the only documented case of a feral child in Spain.

SOÑADORES
Verónica Moscoso
Level 3-4

This story gives a face to the DREAMers, the youth living as undocumented immigrants in the US and the challenges they face.

LOS OJOS DE CARMEN
Verónica Moscoso
Level 3-4

Daniel, an American teen, goes to Ecuador to find the perfect picture for a photography contest. There he meets Carmen, a girl with exceptional eyes...

CHISTES PARA APRENDER ESPAÑOL
Verónica Moscoso
Level 2+

This book is a compilation of 30 short easy-to-read jokes. They are appropriate for all ages and each has a fun illustration, glossary, and questions.

www.veromundo.store

The Best Stories for Language Learners

Follow us:

 www.facebook.com/veromundofb

 www.instagram.com/veromundo.store

For more info, go to www.veromundo.store
We offer bulk discounts for school districts, schools, bookstores, and distributors.
Write us at: info@veromundo.com

This book was written by a Latin American author.

www.ingramcontent.com/pod-product-compliance
Lightning Source LLC
LaVergne TN
LVHW041551070526
838199LV00046B/1913